大师名作绘本系列

皇帝的新装

[丹麦] 安徒生 著
[美] 维吉尼亚·李·伯顿 改编/绘
郝小慧 译

中原出版传媒集团
中原传媒股份公司

大象出版社
·郑州·

图书在版编目（CIP）数据

皇帝的新装 /（丹）安徒生著；（美）维吉尼亚·李·伯顿改编、绘；郝小慧译. — 郑州：大象出版社，2019.4
（大师名作绘本系列）
ISBN 978-7-5711-0143-5

Ⅰ. ①皇… Ⅱ. ①安… ②维… ③郝… Ⅲ. ①儿童故事－图画故事－美国－现代 Ⅳ. ①I712.85

中国版本图书馆CIP数据核字（2019）第038848号

大师名作绘本系列

皇帝的新装
HUANGDI DE XIN ZHUANG

[丹麦] 安徒生　著
[美] 维吉尼亚·李·伯顿　改编/绘
郝小慧　译

出 版 人	王刘纯
选题策划	智趣文化
责任编辑	司　雯
责任校对	张迎娟
美术编辑	王晶晶
装帧设计	许文静

出版发行　大象出版社（郑州市郑东新区祥盛街27号　邮政编码450016）
　　　　　发行科 0371-63863551　总编室 0371-65597936
网　　址　www.daxiang.cn
印　　刷　小森印刷（北京）有限公司　电话：010-80215076
经　　销　全国新华书店
开　　本　787mm×1092mm　1/12
印　　张　4.5
版　　次　2019年4月第1版　2019年4月第1次印刷
定　　价　39.80元

若发现印、装质量问题，影响阅读，请与承印厂联系调换。

很久很久以前,有一位皇帝,
他非常喜欢新衣服,
以至于整天都在想着怎样才能穿得更好,
甚至不惜花费所有的时间和金钱。

他不关心他的士兵,
也从不去剧院,
只有在想炫耀他漂亮的新衣服时,才会出门。
他在一天中每隔一个小时就要换一件不同的衣服。

如果人们问"皇帝在哪里",
得到的回答并不是"他和他的大臣在议事厅",
而是"皇帝正在更衣室里换衣服"。

在皇帝的都城里，

日子就这样热闹而欢快地过着。

每天，宫廷中都有各种各样的人来拜访。
一天，来了两个自称是织布工的人，
但其实他们是两个狡猾的骗子。

他们假装说他们织出的布料
有着世界上最美丽的颜色和最华丽的花纹,
而且最与众不同的是,
用这种布料制成的衣服,
那些不称职的人或愚蠢的人,
是完全看不到的。
只有那些称职的人和聪明的人
才能看到这样漂亮的衣服。

"这样的衣服一定美妙非凡！"
皇帝想道，
"如果我有一套这样的衣服，
我就会立刻发现
在我的王国里有哪些人是不称职的，
我也能马上分辨出
谁是聪明人，谁是愚蠢的人。
赶快给我织出这样的布料吧。"

于是他下令给了这两个织布工很多很多的钱，
这样他们就能马上开始他们的工作了。

这两个假装是织布工的人
支起了两架织布机，
他们不停地在织布机旁边忙碌着，
但其实压根儿什么都没有做。
他们跟皇帝要了最珍贵的丝线和最纯净的金线，
可他们偷偷地把这些丝线和金线
藏进了他们自己的背包中。
然后他们就在那空空的织布机前
继续着他们那装模作样的工作，
一直忙到深夜。

过了一段时间后,
皇帝自言自语道:

"现在我想知道那两个织布工把布料织得怎样了,
但是如果我自己亲自去的话,
我还是有点担心,
因为他们说一个愚蠢的人或一个不称职的人
是看不到那样的布料的。
当然我很肯定我不是那样的人,
不过我想最好还是先派个人去看看吧。"

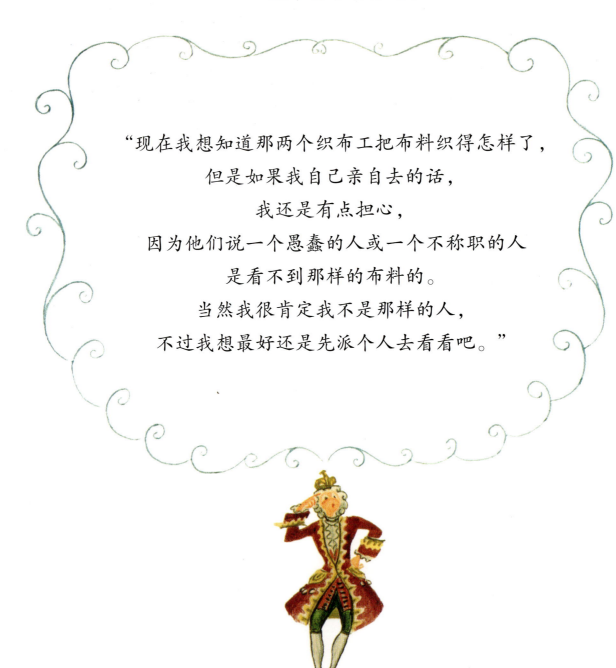

城里所有的人
现在都已经听说了这块神奇的布料,
大家都很好奇地想知道
他们的朋友和邻居到底是聪明的人呢,
还是愚蠢的人。

"我先派我最忠诚的老大臣去看看吧,"
想了半天后皇帝终于决定,
"他应该是最合适去看布料的人了,
因为他很有见识,
而且没有人比他更称职了。"

于是这位忠厚的老大臣走进了织布厅,
那两个骗子正在空空的织布机旁
竭尽所能地工作着。

"这到底是怎么回事?"
这位老大臣把眼睛睁得大大的,不可思议地想道,
"我在织布机上连一根细线都看不到,
更别说织出的布料了!"
不过,他并没有把他想的这些说出来。

假装织布的那两个人礼貌地邀请他
最好再靠近一点来看,
然后,他们指着空空的织布机问他
是否喜欢这样的图案,
这样的颜色是不是很漂亮。

可怜的老大臣在织布机上看了又看,
但是还是什么都看不到,
因为那里根本就什么都没有嘛。
但是,当然啦,他并不知道这些,
他只是认为自己一定是个愚蠢的人,
或者是个不称职的大臣。

"天哪!"他在心里对自己说,
"我一定不能告诉任何人
我看不到那块布料。"

"哎呀,大臣阁下,"
其中一个还在假装工作的织布工说,
"您还没有说这块布料是否令您满意呢!"
"噢,它简直太漂亮了!"这位老大臣立刻说道,
并透过眼镜盯着织布机,
"看这花纹和这颜色!
是的,我要立刻回去禀告皇帝
我所看到的一切是多么美妙。"

"那我们将不胜感激。"那两个织布工装腔作势地说。

然后他们又向老大臣介绍了布料中的各种颜色。

老大臣靠近他们仔细地听,

这样他就可以再重复给皇帝听。

接着这两个骗子又要了更多的丝线和金线,

他们说只有这样才能把已经开始的工作继续完成。

于是他们又得到了大量价值不菲的金线和丝线,

他们又再一次把这些东西装进了自己的背包,

又继续跟从前一样,假装在空空的织布机前忙碌着。

皇帝对老大臣带回来的消息非常满意,
很快他又派了宫廷里的另一位官员再去看看进度,
并确定一下布料什么时间能最终织好。

当然啦,这次的情况跟发生在那位老大臣身上的一样,
他对着织布机前后左右地看了半天,
但是除了那空空的木架,
还是什么都看不到。

"请问这块布料对于您来说
就像尊敬的老大臣阁下所认为的那样美丽吗?"
两个骗子问道,同时他们用手指着空空的织布机,
谈着那些并不存在的图案和颜色。

"我应该并不傻,"
这位官员想道,
"那么就一定是我不适合现在这个舒适的职位了,
这可真是太不可思议了。
不过,幸亏还没有人知道这件事。"

于是他立刻转过了身,
向那两个骗子夸起了那块他并没有看到的布料。
他说,这块布料无论是颜色还是花样,他都非常喜欢。

紧接着，他又回到宫中向皇帝禀报：
"说真的，尊敬的皇帝陛下，
那两个织布工所织的布料真是华丽极了！"

现在，整个城里都在谈论着那块精美的布料，

要知道那可是皇帝花了那么多的钱专门定制的呢。

这一天,
皇帝终于要亲自去看一看
织布机上的那块极不平凡的布料了。
他带上了宫里的几位大臣,
其中就包括那位老大臣和那位官员,
他们已经看过了那块布料,
并把有关它的美丽传说带了回来。

那两个假织布工一听说皇帝要来,
就"工作"得更起劲了,
尽管他们那空空的织布机上仍然一根线都没有。

"您看，这块布料是不是极其华丽？"
曾经来看过布料的那位官员和那位老大臣说，
"只有您的尊贵才配得上它！
多么美丽的花纹！多么耀眼的颜色啊！"
说着，他们用手指着那空空的织布机架，
因为尽管他们自己看不到，
但是他们觉得别人一定可以看得到那份杰作。

"这是怎么回事?"
皇帝在心里默念道,
"我什么都看不到!这太可怕了!
难道我是一个愚蠢的人吗?难道我不适合做皇帝吗?
如果是那样的话,那将是这世上最糟糕的事情。"

"噢,这块布料非常美丽,"他大声说道,
"我很喜欢。"说完他露出了愉悦而满意的微笑。
是啊,他是绝不会说出他看不到那块
被老大臣和官员赞美至极的布料的。

现在,所有的随从都瞪大了眼睛,
希望能在织布机上看到些东西,
可是每个人都什么也看不到。
尽管如此,他们却齐声称赞道:
"噢,多么美丽的布料啊!"
而且他们都希望能看到皇帝
穿着这块布料制成的衣服,
参加即将举行的盛大游行。

"太漂亮了！太华美了！简直是无与伦比！"
大家一遍又一遍地赞扬着，
每个人看上去仿佛都真的很快乐。
皇帝也假装与随从们一起分享着这份快乐，
并给两个骗子授予了"织布绅士"的头衔，
在他们的纽扣孔上别上了骑士勋章的绶带。

在盛大游行即将举行的这些天里,
这两个骗子都假装没日没夜地工作着,
他们在夜里点起了十六盏灯,
这样所有的人都能看到
他们是多么急切地想要早日完成皇帝的新衣。

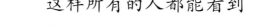

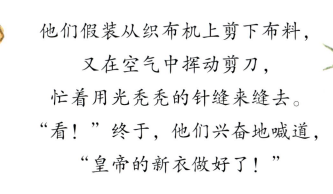

他们假装从织布机上剪下布料,
又在空气中挥动剪刀,
忙着用光秃秃的针缝来缝去。
"看!"终于,他们兴奋地喊道,
"皇帝的新衣做好了!"

现在,皇帝和宫里所有的人
都来看织布工们最终的杰作了。
这两个骗子高举起他们的手臂,
就像举着一件什么东西给大家展示,
然后他们说道:"这是皇帝陛下的裤子!
这是披风!这是上衣!
整套衣服就像蜘蛛网一样轻!"

"当一个人穿上它的时候,
就会感觉好像什么都没穿一样。
而这正是这种精美而有魔力的布料的神奇之处。"
"果真如此啊!"
所有的随从都异口同声地说。
尽管他们中没有一个人能够看得见那套衣服。

"如果尊敬的皇帝陛下愿意脱掉您的衣服,
我们将会为您在镜子前换上这套新衣。"

于是皇帝脱掉了衣服,
两个骗子假装给他穿上了新衣,
皇帝在镜子前转来转去地"欣赏"着。

"皇帝陛下穿上这套新衣后是多么威严而高贵！
它们是多么合身啊！"
每个人都赞美道，
"看看这花纹！看看这颜色！
这才是真正的皇家风范！"

"在即将举行的游行中,
皇帝陛下就会在华盖之下穿着它走过人群。"
此刻,仪仗队的首席司仪说道。

"我已经准备好了。"皇帝答道。
"我的新衣服是不是很合身?"他又问道,
并在镜子前不停地转来转去,
好让别人觉得他正在欣赏着自己漂亮的新衣。

皇帝的侍寝官
装模作样地拾起皇帝拖在地上的裙裾,
然后把它举了起来,
手里就好像真的托着什么东西似的。
他们一刻也不想让别人怀疑
他俩是愚蠢的人或是不称职的人。

游行的这天终于到了,
现在皇帝位于游行队伍的正中间,
正在华盖的庇荫之下沿着大街慢慢走来。
街上挤满了人,
那些站在窗边观望的人还喊道:

"噢,我们皇帝的新衣是多么漂亮啊!
多么华丽的裙裾!多么优雅的披风啊!"
实际上,没有人能够真的看到那些衣服,
他们之所以发出这样的赞美,
是害怕别人把他们称作傻子或不称职的人。

以前还从来没有哪件皇帝的衣服
能像现在这样引起这么大的轰动呢。

"但是皇帝什么都没穿啊！！！"
一个小男孩说道。

"孩子说的是实话!"他的父亲说。

就这样,这个男孩所说的话由一个人传给另一个人,很快就在人群中传开了。

直到所有人都知道了这句话,
并一起喊道:
"但是他什么都没穿啊!!!"

此时皇帝感到难为情极了,
因为他知道人们说的是对的。
可是他想:"既然游行已经开始了,
那么就要继续进行下去!"

于是他的侍寝官抬起了头,
好像更加费力地把那并不存在的裙裾
托举得更高了一些。